Para mi madre y para Itsasne,
y para todas las mujeres que no se rinden.

Yo, Alfonsina
Primera edición: abril de 2020
Título original: *Eu, Alfonsina*

Publicado originalmente en Portugal por Orfeu Negro
© 2019 Orfeu Negro
© 2019 Joan Negrescolor
Edición original del texto: Carla Oliveira
Dirección de arte del original: Rui Silva
© de esta edición 2020 Thule Ediciones, SL
Alcalá de Guadaíra 26, bajos - 08020 Barcelona

Director de colección: José Díaz
Maquetación: Jennifer Carná
Traducción: Alvar Zaid

EAN: 978-84-16817-70-2
D. L.:B 5387-2020
Impreso en Índice, Arts Gràfiques. Barcelona, España

www.thuleediciones.com

JOAN NEGRESCOLOR

YO, ALFONSINA

A los diez años, mi padre me dio una bicicleta.

Y ese fue nuestro primer encuentro.

La bicicleta era mucho más grande que yo.

Mucho más rápida que yo.

Ella salía disparada, y yo volaba.

Yo quería ser libre, correr, pedalear.

Robé las botas de mi abuelo (solo por un ratito).

Y los pantalones de mi tío (muy a la mano).

Solo me faltaba un bigote imperial.

Y la gorra del cartero.

Con esta pinta, aceleré.

Crucé la plaza, esquivé al general,
zigzagueé de un lado a otro.

Y entonces les dije a todos:
—Yo, Alfonsina, ¡seré ciclista!

Escalé y bajé montañas. Caí, me levanté, una y otra vez...

... y desde entonces nunca dejé de pedalear.

Gané mi primera carrera con trece años.

Viajé a San Petersburgo.

Corrí en Bolonia, en París, en Lombardía,
aquí y allí, por muchos lugares.

de persecución entre
40 ptas.
MAS (Neset)
PEREZ
PIQUERES
CARRATALA
150, 80 y 40 ptas.
ANTONIO TORRES
PRECIOS EN TAQUILLA
STADIUM DE ELCHE
(CAMPO DE DON JEREMIAS)
Domingo 6 Enero de 1929
Grandes Carreras
CICLISTAS
Internacionales
ANTONIO TORRES
ALFONSINA STRADA
CARLOS MESSORI
ALFONSINA STRADA
GINES MAS (Neset)
JOSE CARRATALA
JOSE PIQUERES
PABLO PEREZ
Y OTROS

Me llamaban «La Reina del Pedal».

Más veloz que el viento.

Directa a la meta.